CW00696371

GRANDE-KABYLIE

LES BENI YENNI

PAR

FRANCIS DROUET

MEMBRE DE LA SOCIÉTÉ NORMANDE DE GÉOGRAPHIE

ROUEN

IMPRIMERIE DE ESPÉRANCE CAGNIARD

Rues Jeanne-Darc, 88, et des Basnage, 5

1887

LES BENI YENNI

EXTRAIT DU BULLETIN DE LA SOCIÉTÉ NORMANDE DE GÉOGRAPHIE

(Cahier de juillet-août 1887)

A MON PÈRE

Tiré à deux cents exemplaires non mis dans le commerce

CHEZ LES BENI YENNI

CHAPITRE I

D'ALGER A FORT-NATIONAL

A tribu des Beni Yenni dépend de la commune mixte de Fort-National (département d'Alger). Pour s'y rendre, on peut prendre le train de la Compagnie de l'Est-Algérien d'Alger à Ménerville et continuer par l'embranchement de Ménerville jusqu'à Bordj-Ménaiel. Là, on trouve une diligence qui fait le service de la correspondance entre cette dernière station et Tizi-Ouzou en passant par Hausson-villers.

Une voiture part également d'Alger chaque jour
et se rend directement à Tizi-Ouzou en douze
heures.

Nous sommes dans la première quinzaine de
novembre (1886), c'est dire que le soleil ne se lève
point de bonne heure, et, comme le départ du train
a lieu à cinq heures du matin, le voyageur se
trouve enveloppé de ténèbres qui lui voilent le
paysage. Mais, à ce mécompte, il y a une large
compensation, c'est de pouvoir assister à la trans-
formation de l'obscurité en lumière, et lorsque les
nuages ne viennent pas contrarier ce grandiose
spectacle, il vaudrait à lui seul qu'on s'arrachât au
repos pour le contempler. En ce qui me concerne,
je réunis ce plaisir à l'agrément de mon voyage.

Le train à destination de Constantine, que je
pris, et qui, pour la huitième fois seulement, faisait le trajet d'Alger à cette ville sans aucune in-
terruption, s'ébranla, sortit de la gare dans la
nuit profonde et s'élança au milieu des champs
et des collines.

Une heure à peine étions-nous en route, que les
lueurs de l'aube naissante apparurent dans la direction que nous suivions. Elles commencèrent par
des tons safranés mélangés de noir suivis de vapeurs moutonnantes d'un rouge de fournaise s'éle-

vant en volutes comme d'un brasier énorme et caché, et présentant successivement les aspects les plus divers et les plus curieux. Lorsque le soleil, montant à l'horizon, changea l'aspect du ciel, ce furent alors des zébrures roses et violettes se détachant sur la blancheur du fond. Puis, l'astre, par son rayonnement, vint encore modifier l'effet de la voûte céleste, où l'azur remplaça ces teintes vaporeuses dans le flamboiement de l'or des rayons solaires.

·A l'examen de ces transformations du ciel, on pouvait présager une belle journée et ce fut avec une véritable joie intérieure que j'assistai à la succession du jour à la nuit.

Les terrains qui s'étendent de chaque côté de la voie sont tous cultivés : les uns sont réservés aux céréales ; les autres aux vignes et aux pacages. Çà et là, des arbres, soit isolés, en bouquet ou en avenue, composent le paysage que viennent animer les vivants villages, les fermes, le laboureur qui achève de travailler son champ, et les troupeaux de bœufs, de vaches, de chèvres et de moutons.

Il n'y a rien de particulier à noter sur notre parcours jusqu'à Tizi-Ouzou. La route est très belle et bordée, par places, d'arbres ou de ricins arborescents aux belles grappes rouges. Les centres

2

de Bordj-Ménaiel et d'Haussonvillers sont assez
importants. Nous traversons la ligne du chemin de
fer, prolongement de l'embranchement de Bordj-
Ménaiel, qui aboutira à Tizi-Ouzou dans un
avenir rapproché et rendra de précieux services à
tous les habitants de cette contrée.

Vers deux heures un quart, nous sommes à Tizi-
Ouzou (col des genêts épineux), sous-préfecture
importante, particulièrement à cause de sa position
au centre de la Grande-Kabylie.

Une voiture correspondant avec l'arrivée des
courriers se rend à Fort-National, et j'y prends
place, car la ville de Tizi-Ouzou par elle-même
n'offre aucune particularité qui puisse retenir le
voyageur. Comme avec le mode de locomotion des
voitures, il est difficile de préciser l'heure exacte
de l'arrivée, il s'écoule toujours un certain laps de
temps entre celle-ci et le départ; aussi, nous ne
nous mettons en route qu'à trois heures.

La distance de Tizi-Ouzou à Fort-National est
de vingt-sept kilomètres et la différence d'altitude
de sept cent soixante-dix mètres. La route qui
nous y conduit a été faite en vingt-deux journées
par le génie et elle est des plus réussies.

A quelques kilomètres de Tizi-Ouzou, l'on passe
à gué la rivière des Aït-Aïssi, affluent principal de

la rive gauche du Sébaou. En ce moment, nous
venons d'avoir une série de beaux jours, aussi n'y
a-t-il que fort peu d'eau : trente centimètres environ sur dix mètres de largeur. Mais, lorsque de
grandes · pluies surviennent, descendant torren-
tueusement des montagnes, l'oued se gonfle subi-
tement, s'élargit beaucoup, et ce n'est pas une
mince affaire que de le traverser. Souvent, les
chevaux ont de l'eau au-dessus du poitrail et
luttent avec énergie contre la vitesse du courant
qui fait dévier la voiture. Lorsque la crue est trop
forte, l'équipage ne passe pas, l'on franchit alors
la rivière sur les épaules de courageux Kabyles qui
vous remettent généralement sain et sauf sur l'autre
· rive.

Il y a, comme vous le voyez, un certain imprévu
dans une excursion en Kabylie, imprévu que ne
dédaigne pas le véritable touriste.

L'oued passé, la route s'élance jusqu'au fort
comme un gigantesque serpent au corps ondulant.
La voie est taillée dans la montagne. C'est une véritable route en corniche bordant un précipice toujours béant, et qui ne laisse pas, la première fois
qu'on la parcourt, de troubler un peu les sens.

Le versant est boisé d'oliviers, de figuiers et de
frênes, et aucun espace de terrain n'est resté inculte.

C'est là, il faut le reconnaître, un beau résultat, car la culture dans ces endroits est bien loin d'être commode; néanmoins, l'opiniâtreté du travailleur kabyle en vient à bout, et il est justement récompensé de son labeur.

A mesure que nous nous élevons, nous découvrons de plus en plus l'admirable vallée du Sébaou, extrêmement fertile, où des centres de colonisation sont en plein état de prospérité.

Sur le sommet d'un contrefort, on remarque le village kabyle de Tamazirt qui, à cette distance, produit l'effet d'un immense tas de cailloux blancs et noirs. Les maisons, composées d'un rez-de-chaussée sans fenêtres, sont blanchies à la chaux et couvertes en tuiles de couleur foncée, ce qui explique la comparaison.

A sept heures et demie, nous arrivons dans Fort-National en franchissant la porte d'Alger. Aussitôt descendu de voiture, je me rends chez un de mes amis pour lequel la Kabylie n'a guère de secrets, et je lui exprime mon intention d'aller rendre visite demain aux gens des Beni Yenni. C'est chose facile, me dit-il, je connais particulièrement cette tribu et ses chefs, et je tiens à me faire votre guide. Je n'ai garde de refuser une occasion aussi favorable pour moi d'avoir un aimable compagnon de route qui, chemin faisant, me mettra au courant des choses indigènes dont l'intérêt est on ne peut plus captivant. Demain, à huit heures, nous devons enfourcher nos mulets.

CHAPITRE II

FORT-NATIONAL

L A commune de plein exercice de Fort-National se compose de deux parties distinctes : la première intra-muros, la seconde extra-muros. La population intra-muros, d'après le dernier recensement (3o mai 1886), est de 289 habitants, sur lesquels on compte 216 Français, 43 étrangers, 27 indigènes et 3 israélites. En outre, l'effectif de la garnison est de huit cents hommes environ : zouaves ou tirailleurs, artilleurs, ouvriers et infirmiers.

Par décret du 13 mai 1886, la tribu des Aït ou Sammeur et six villages des Aït-Akèrma : Alfensou, Tighilt-el-hadj-Ali, Inaïnseren, Taza, Ighi-N'Tazert, Azouza, formant une population de

7,594 habitants, ont été distraits de la commune mixte de Fort-National pour être rattachés à la commune de plein exercice du même nom.

Voici ce que dit M. O. Niel dans sa *Géographie*, relativement à Fort-National et au siège qu'il eut à soutenir : « Le point culminant du plateau de Fort-National atteint 961 mètres au-dessus du niveau de la mer. La première pierre de cette forteresse fut posée le 14 juin 1857, cinq mois après elle était terminée. L'enceinte, flanquée de dix-sept bastions et percée de deux portes, offre un développement de deux mille deux cents mètres, et entoure une surface de douze hectares. Le fort National fut assiégé en 1871 par les Kabyles révoltés, et 472 hommes seulement durent en soutenir la défense. Les portes de la citadelle, fermées le 16 avril, ne se rouvrirent que le 16 juin. La petite garnison dut opérer plusieurs sorties. Le 21 mai, dans le milieu de la nuit, les Kabyles dressèrent des échelles contre les remparts et tentèrent l'escalade, mais ils furent culbutés et subirent des pertes énormes. Enfin, le 16 juin, les généraux Cérez et Lallemand, après avoir rejeté les assiégeants dans leurs montagnes, entrèrent à Fort-National dont les défenseurs, depuis le 2 mai, étaient réduits à manger du cheval et du mulet ».

Vis-à-vis des portes d'Alger et du Djurjura, un blockhaus a été édifié sur une éminence naturelle qui semble être placée là tout exprès.

Du fort, le panorama est splendide. Il s'étend à toute la chaîne du Djurjura dont les pics et les déchiquetures, lorsque le jour est clair, se profilent avec netteté et grandeur sur le ciel. Une ligne blanche, d'une horizontalité parfaite, formée par un chemin, coupe les crètes et permet de se rendre en voiture à Aïn-el-Hamman, le chef-lieu de la commune mixte du Djurjura.

Du côté opposé, la vue se déploie sur la vallée du Sébaou, où trois centres de colonisation, déjà importants, se détachent bien distinctement et forment les points de rencontre des lignes d'un triangle équilatéral, ce sont : Fréha, Azazga et Mékla.

Le fort a tout à fait l'air d'une petite ville française avec ses maisons bien bâties, ses rues, ses trottoirs, ses promenades, et l'on y trouve à se loger confortablement.

Les logements et les bureaux du personnel administratif de la commune mixte sont compris dans le fort dont les portes sont fermées tous les soirs à neuf heures, et ouvertes la nuit aux Européens seulement.

CHAPITRE III

DE FORT-NATIONAL AUX BENI YENNI

E soleil levant éclaire de sa gaie lumière tout ce joli pays et couvre le sol de paillettes mobiles en filtrant par les interstices du feuillage des arbres.

Nos mulets sont prêts et un cavalier indigène qui doit nous accompagner les tient en main devant l'hôtel où je suis descendu. Nous les enfourchons et nous nous mettons en route à huit heures. Nous sortons du fort par la porte du Djurjura et laissons presque aussitôt, à gauche, la place d'un marché qui a lieu le mercredi comme l'indique son nom Souk-el-arbâ, le marché du quatrième jour. Il s'y vend des animaux, des produits du pays et des cotonnades. On peut remarquer quelques huttes assez originales faites avec des branchages, et qui servent, en cas de mauvais temps, d'abri aux vendeurs.

L'oued Djemâa nous sépare des villages des Beni Yenni qui, comme tous les villages kabyles, sont construits sur le sommet des montagnes, aussi, nous faut-il descendre près de six cents mètres pour traverser la rivière et gravir ensuite l'autre versant.

Nous suivons un chemin muletier passant au-dessus du tadert ¹ de Taourirt Amokran (le grand rocher), village qui dépend de la commune de plein exercice. Nous le dominons de quelques mètres et assistons du haut de nos montures à une fête locale, où le tambourin et la flûte indigène se font entendre et remplissent d'allégresse le cœur de ceux qui prennent part à cette réjouissance. Pour moi, c'est un plaisir de plus ajouté au charme de mon excursion.

Le sentier en lacet qui va nous conduire à l'oued Djemâa est tout à fait charmant. Il est entaillé dans la montagne et côtoie constamment le profond abîme que meuble une active végétation.

La tribu des Beni Yenni jouit d'une super-

¹ Village.

ficie de deux mille cinq cents hectares, et compte
5 535 habitants d'origine berbère, plus dix Européens. Sa principale richesse consiste dans la culture du sol et dans la récolte des fruits de la véritable forêt au milieu de laquelle nous sommes
en ce moment. Les oliviers, tous de belle venue,
et dont le léger feuillage aux reflets argentés est si
doux aux regards, se chiffrent, pour la totalité de
la tribu, par trente-deux mille pieds ; les figuiers
avec leurs troncs et leurs branches lisses, mais fort
gracieuses, se comptent par quarante-deux mille.
Ce sont là des nombres éloquents comme arbres
fruitiers. Les autres essences se composent, en
petites quantités, d'orangers, de noyers, de chênes-
liège, de chênes-verts et de frênes. Et à ce propos,
comme je remarquais de jeunes pousses sur ces der-
niers arbres, j'en demandai l'explication à mon
compagnon qui déféra aussitôt à mon désir. Comme
vous pouvez le penser, me dit-il, en voyant tous ces
labours, il y a peu d'espaces réservés aux pâturages
et les indigènes, pour nourrir leurs animaux, ont
recours aux feuilles des figuiers et des frênes. Les
arbres sont dépouillés de leurs feuilles vers le mois
d'août, mais on conserve celles-ci pour la saison ri-
goureuse pendant laquelle les bêtes ne trouveraient
rien à pâturer. On procède sur les frênes à deux

récoltes par an. La première s'effectue à la fin
d'août, et la seconde avant les premières gelées. Les
feuilles, pendant cette période de trois mois, ont le
temps de repousser et font à l'extrémité des branches
une nouvelle et fraîche parure très séduisante à
l'œil.

Dans quelques endroits, on laisse grimper sur
ces arbres, sans inconvénient, les pampres de
vignes non conduits, et cet enlacement de lianes
formant un vaste réseau est d'un curieux effet.

Les chênes-liège sont démasclés sur la hauteur
du tronc, et le tannin qui, avec l'humidité, vient à
se manifester à la surface du bois, enveloppe toute
la partie opérée d'une teinte rouge-brun-foncé. Les
chênes-verts, dont l'écorce est assez employée pour
le tannage des peaux, produisent les glands doux
qui entrent dans la subsistance de nombreuses familles kabyles pour lesquelles l'orge ou les autres
denrées sont trop onéreuses.

Comme arbrisseaux, on peut en observer de
toutes sortes, mais les jujubiers sauvages et les
arbousiers dominent la masse. Ceux-ci sont de
gentils arbustes au feuillage persistant d'un beau
vert lustré, au milieu duquel se détachent des
grappes de clochettes blanches. Leurs fruits, com-
plètement sphériques, gros comme des noix ordi-

naires, couverts d'aspérités, piquent dans cette ver-
dure les notes gaies de leur robe qui passe du
jaune-citron au rouge-vif. C'est on ne peut plus
ravissant, et à cet avantage vient s'en joindre un
autre qui n'est point à dédaigner, c'est celui d'être
comestible. L'arbouse, arrivée à complète matu-
rité, est très agréable au goût et très rafraîchissante.
De nos mulets, en allongeant le bras, nous pou-
vons en cueillir pour nous satisfaire et nous convaincre une fois de plus de sa sapidité.

Sous nos pieds, les mousses, les fougères, les
fleurettes bleues, roses, jaunes, pâquerettes et bou-
tons d'or, tapissent le sol et égayent de leurs
vives et fraîches couleurs cette exubérante végétation.

Du point où nous sommes, l'école nationale de
Taourirt-Mimoun (le monticule de Mimoun) s'é-
lève au loin, comme un monument, au milieu
de ces villages aux constructions basses.

Nous passons à côté d'une huilerie kabyle et, en
quelques mots, voici en quoi cela consiste. D'une
part, il y a l'appareil à écraser les olives, dont la
récolte se fait fin octobre et premiers jours de novembre. Cette machine se compose d'une auge cir-
culaire en maçonnerie dans laquelle les olives sont
versées et où roule une meule en grès mue par un

bœuf, un mulet, ou même assez souvent des femmes. Les fruits, au sortir de l'auge, sont placés dans des escourtins en alfa que l'on dispose sur le pressoir pour en faire sortir l'huile.

Les huileries sont généralement situées près des fontaines et un peu en contre-bas, afin de profiter de l'écoulement de l'eau, car c'est elle que l'on charge d'une partie du travail d'épuration. L'huile, en sortant du pressoir, tombe dans une sorte de vasque naturelle en grès où l'eau coule lentement. Par sa faible densité, elle surnage, et au moyen d'écuelles en bois, on la recueille aussitôt pour la mettre dans de grandes jarres. L'huile chargée d'éléments étrangers se trouve entraînée par l'eau et tombe dans une seconde vasque, d'où on la recueille encore, mais sans la mélanger à la première. Puis, cette même opération se pratique dans la cuvette inférieure, mais alors l'huile laisse beaucoup à désirer. Dans le lit du cours d'eau formé par la fontaine, ce ne sont qu'enveloppes noires et noyaux d'olives entassés en couche épaisse.

∗∗

Dans l'étroit sentier que nous suivons, nous nous croisons avec deux Pères blancs, montés comme nous, et dont les bottes éperonnées sortent de sous leur robe blanche. Nous échangeons un salut et quelques paroles. L'un d'eux vient d'être désigné pour aller enseigner à Gardhaïa (M'Zab), en plein désert, et il est en tournée d'adieux.

Nous atteignons bientôt le fond de la vallée, et nous passons l'oued Djemâa qui, plus avancé dans son cours, porte le nom d'oued Aïssi. Cette rivière, très encaissée, est extrèmement torrentueuse en hiver. Elle sert de ligne de démarcation entre la tribu des Beni Yenni et celle des Aït ou Sammeur. Actuellement, il y a peu d'eau et sa largeur n'excède pas cinq mètres. Dans la rivière et sur ses bords, les lauriers roses croissent abondamment et les indigènes y cultivent des roseaux dont ils se servent pour la toiture de leur maisons.

Il nous faut gravir à présent le versant sur la crète duquel les Beni Yenni ont établi leurs villages. Nos excellentes montures, dont le pas assuré nous a enlevé toute espèce de crainte, bien que penchées sur de profonds abîmes, donnent désormais de vigoureux coups d'épaule pour nous porter au faîte de la colline. La végétation est de même nature que sur le versant opposé.

Vers dix heures et demie, nous faisons halte pour déjeuner dans un endroit charmant, complanté de

4

figuiers et où la menthe poivrée forme un tapis très odorant, trop odorant même, car nos provisions, déposées à terre, s'imprègnent de ce parfum, et tout se trouve assaisonné à la menthe.

Nous sommes sur l'emplacement d'une petite mosquée en ruine, dite djema N'Teroutz (col des figuiers).

A peine avons-nous mis pied à terre et commençons-nous notre déjeuner, que le Président de la tribu des Beni Yenni, Ali ou Mohand Arab vient à passer, et ayant reconnu mon ami, il descend de son mulet pour le saluer. Le Président chevauchait ainsi dans la direction de Fort-National, mais apprenant que nous allons visiter sa tribu, il tient à remettre son voyage pour nous en faire les honneurs. Nous l'invitons à partager notre déjeuner champêtre, ce qu'il accepte avec plaisir, puis nous nous remettons en route.

Ali ou Mohand Arab est un des présidents les plus estimés de toute la Kabylie par son esprit d'ordre, de justice, de bonne administration et de dévouement à la France.

CHAPITRE IV

GUERRES ENTREPRISES PAR LES BENI YENNI

Dans quelques instants, nous allons entrer dans le village de Taourirt-Mimoun. Avant d'en commencer la visite, je crois que quelques notes très sommaires sur l'histoire de la tribu et son genre d'administration ne seront pas inutiles à la clarté du récit. En ce qui concerne les faits historiques, ils ont été recueillis auprès du Président et des lettrés, et nous les donnons comme tels :

L'ancêtre des Beni Yenni s'appelait Aïssam. Il eut deux fils, Yenni et Ouassif, dont les descendants ont constitué les deux tribus des Beni-Yenni (Fort-National), et des Beni Ouassif (Djurjura).

Les Romains occupèrent le pays, et l'on remarque

encore des traces de leur passage à Gonni-Kaïd (Taourirt-el-Hadjhadj, le plateau des pèlerins).

Après avoir lutté avec acharnement contre les troupes françaises, les Beni Yenni firent leur soumission en 1857.

Cette tribu est très batailleuse; de nombreuses luttes intestines l'ont ensanglantée, et lorsqu'un çof (parti) était battu par un autre, il avait coutume d'émigrer dans une tribu amie.

Presque toujours, le mobile des guerres fut la violation de l'anaïa (sauf-conduit), ou l'assassinat d'un individu sur le territoire de la tribu.

Les gens du çof de la victime demandaient que les biens de l'assassin fussent distribués aux pauvres, et lorsqu'il y avait désaccord, la poudre décidait.

Les principales guerres faites par les Beni Yenni sont les suivantes :

1° Guerre avec les Beni Ouassif, au sujet de la violation de l'anaïa;

2° Guerre avec les Beni Sedka. Origine : Un homme des Beni Yenni épousa une femme qui avait été mariée une première fois avec un individu des Beni Sedka. Cette femme avait laissé dans cette dernière tribu deux garçons et une fille. Les deux fils allèrent à Tunis, tandis que la fille se maria aux Beni Sedka. Les frères de celle-ci réclamèrent

leur sœur et chargèrent le mari de leur belle-mère
de la conduire jusqu'à Tunis. Ce dernier se rendit
aux Beni Sedka, enleva la jeune femme à son
époux, et l'emmena à Tunis. Les Beni Sedka
demandèrent aux Beni Yenni de leur livrer le
ravisseur, mais ceux-ci refusèrent et la guerre
éclata. Il n'y eut qu'un seul combat dans lequel les
Beni Sedka furent vaincus;

3° Guerre avec les Aït-Saâda, à propos de moutons volés. Cette guerre dura vingt et un jours et
les Beni Yenni furent encore victorieux;

4° Guerre avec les Beni Aïssi. Origine : Un
estropié d'Aït Lhassen s'étant rendu aux Beni Aïssi
pour y mendier fut tué par un homme de Tizi
Hibel..... qui lui vola quinze douros que ce mal-
heureux avait recueillis. Les Beni Aïssi ayant
refusé de livrer l'assassin, la guerre leur fut
déclarée, et dura de 1818 à 1824. Les Beni Aïssi
furent vaincus.

CHAPITRE V

COMPOSITION ET ADMINISTRATION DE LA TRIBU

OMME nous l'avons dit précédemment, la superficie de la tribu est de deux mille cinq cents hectares et sa population se chiffre par 5 535 sujets berbères et 10 Européens.

Le territoire se divise en cinq villages excessivement rapprochés. Ce sont : Aït Lhassen, Aït Larbâa, Taourirt Mimoun, Taourirt el Hadjhadj et Tigzirt. On compte comme mode d'habitation neuf cent trois maisonnettes en pierre, couvertes en tuiles, et quatre cent soixante-treize gourbis. Le gourbi est une sorte d'abri construit en branchages sur lesquels sont posées des mottes de terre.

Les animaux s'élèvent, au total, à deux mille deux cents têtes, partagées entre mulets, ânes, bœufs, moutons et chèvres.

Treize moulins à farine, dix-neuf moulins à huile et un four à chaux sont établis dans la tribu. Quant aux industries diverses, nous en parlerons au cours de notre visite dans les villages.

Un marché a lieu le mardi sur le lieu dit Tarsaut el Djemâa, et les principaux produits mis en vente sont le blé, l'orge, les figues et l'huile. Le revenu de ce marché est de 1,500 fr.

Les impôts payés à l'État s'élèvent à 20,000 fr., et ceux payés à la commune à plus de 11,000 fr. Ils se répartissent ainsi : Impôt de capitation dit *leẓma* ; impôt foncier sur la propriété bâtie ; prestations et patentes.

Depuis 1887, l'impôt lezma comprend cinq catégories : 100 fr., 50 fr., 15 fr., 10 fr., 5 fr. Précédemment, il n'en comportait que trois : 15 fr., 10 fr., 5 fr. Les riches ne se trouvaient guère plus imposés que les pauvres. C'était une anomalie. M. Bourlier, député d'Alger, est le promoteur de ce nouveau système. L'assiette de l'impôt lezma est faite par un répartiteur des contributions directes ; celle de l'impôt foncier par un contrôleur du même service ; celle des prestations par l'administrateur. Le recouvrement est effectué par le receveur des contributions diverses.

Tous les villages kabyles habités par des indigènes de race berbère sont placés sur des crêtes ou
des points culminants. L'on comprendra qu'avant
notre occupation, cette disposition avait une importance considérable pour la surveillance à exercer en
tout temps et particulièrement en cas de guerre. Le
village kabyle se nomme *tadert* et se subdivise en
quartiers formés par la réunion de plusieurs familles
ayant le même ancêtre et sont désignés sous le nom
de kharoubas.

Le touriste, pendant son excursion, remarquera
des groupes de maisons au fond des vallées ou à
mi-côte. Ce sont des kharoubas occupées par des
familles maraboutiques. Ces familles ne sont pas
d'origine kabyle. Les premiers marabouts vinrent
du Maroc à la fin du viiie siècle et furent bien
accueillis des Kabyles parce qu'ils représentaient,
en quelque sorte, le pouvoir spirituel. Mais, en
gens avisés et défiants, les Kabyles, en leur
octroyant la permission de s'établir chez eux, leur
imposèrent l'obligation d'élever leurs habitations
dans les vallées. De cette façon ils les dominaient et
pouvaient les surveiller constamment d'une manière

5

très facile, car, disaient-ils, vous venez, assurez-
vous, pour nous éclairer sur la religion de notre
prophète et nous montrer la sagesse de ses préceptes;
mais qui nous dit que votre but n'est point autre,
et qu'à un moment donné, lorsque vous vous
sentiriez assez puissants vous ne prendriez point
les armes contre nous pour nous déposséder.

Les Kabyles, sachant par expérience combien les
luttes intestines étaient fréquentes chez eux, ne dési-
raient pas introduire un élément nouveau de dis-
cordes, et c'est ce qui motiva leur détermination
assez bien comprise d'ailleurs.

*
* *

Toute la tribu est placée sous l'autorité d'un
président, fonctionnaire du gouvernement, nommé
par le préfet sur la présentation du sous-préfet,
généralement conforme à celle de l'administrateur
de la commune mixte. Il doit être pris dans la
commune mixte. Son traitement équivaut au
dixième de l'impôt lezma brut. Au-dessus de lui,
se trouve l'administrateur, chef de la commune
mixte, et les administrateurs-adjoints nommés par
le gouverneur général de l'Algérie. Chaque président a un khodja ou secrétaire. Le président est

responsable de ce qui se passe dans sa tribu. Il
a à fournir tous les rapports et documents relatifs à
l'administration de son territoire. Il reçoit comme
signe d'investiture de ses fonctions un burnous
écarlate.

Chaque tadert a pour chef un amin (fonction
correspondant, si l'on veut, au maire). Chaque
kharouba a un dhaman (conseiller municipal) et
la réunion de l'amin, de l'oukil et des dhamen[1]
constitue la djemâa ou conseil municipal. L'amin
et les dhamen sont nommés par l'administrateur.
Dans quelques rares communes, celle de Fort-
National, par exemple, leur nomination se faisait
électivement. Mais dans un pays où l'on est si
prompt à en venir aux mains quand ce n'est pas au
yatagan, ce mode ne valait rien. Aussi, depuis
quelque temps, les élections ont été supprimées, et
du même coup les rixes sanglantes qui se produi-
saient entre les çof ou partis opposés ont été
anéanties.

L'amin a pour mission l'administration du
village à laquelle chaque dhaman participe.

Chaque tadert possède une djemâa (maison) où
le conseil se réunit. L'on peut s'y reposer et les

[1] Dhamen pluriel de dhaman.

étrangers y reçoivent l'hospitalité. Un détail à
noter : cette maison n'a point de porte.

La djemâa (conseil), telle qu'elle existe actuellement, n'a plus aucun pouvoir. Elle représente simplement les intérêts des habitants et quelquefois
l'administrateur la consulte à titre de renseigne-
ment. Quand l'administration opère un recensement, on convoque la djemâa. Chaque dhaman
fournit les renseignements afférents à sa kharouba.
Il est responsable des chiffres qu'il donne, et l'amin
doit certifier que ceux-ci sont exacts.

*
* *

Un agent qui a bien son importance, c'est le
garde-champêtre indigène nommé par le sous-
préfet sur la proposition de l'administrateur de la
commune mixte. Le garde-champêtre, unique par
tribu, est chargé, sous la direction du président, de
la police générale. Lorsqu'il s'agit de contraventions
à des règlements de simple police, il opère seul et
dresse lui-même le procès-verbal. S'il vient à constater des crimes ou des délits, il fait son rapport
au président qui établit le sien en double expédi-
tion : l'une pour l'administrateur, l'autre pour le
juge de paix. Le président absent, c'est le garde-

champêtre qui le remplace. Celui-ci accompagne son président en tournée d'enquête dans les villages relevant de sa juridiction. Le garde-champêtre n'a point d'ordre à recevoir de l'amin, qui est son inférieur au point de vue hiérarchique. L'amin ne peut verbaliser, et si quelque chose se passe dans son village, il doit immédiatement prévenir le président, ou seulement le garde-champêtre, s'il ne s'agit que d'une simple contravention.

Le garde-champêtre est toujours armé; il détient une carabine qui lui est confiée par la commune mixte. En général, il possède aussi un revolver ou un pistolet, armes qui sont sa propriété personnelle et qu'il est autorisé à porter, à titre de faveur, en récompense de quelque service. Cette autorisation n'est délivrée que par le préfet.

Le garde-champêtre a pour signe distinctif un burnous bleu liséré de jaune. Il ne porte point de plaque comme ses collègues français.

Si des troubles viennent à se produire dans un village lorsque le président s'y trouve, la responsabilité des moyens de répression revient au président qui, en pareil cas, donne des ordres à son agent.

La révocation des garde-champêtres appartient à l'autorité préfectorale.

Des Cadis. — Les cadis en Kabylie n'ont point
les mêmes attributions que ceux du pays arabe.
Leur titre officiel est celui de *cadi-notaire*. Ils ne
font guère que des actes de vente, de partage,
de succession, etc., leur rapportant de beaux hono-
raires.

Ils sont nommés par le gouverneur général sur
la proposition du procureur général.

Plaintes et réclamations. — Quand un indigène a une plainte à formuler, il l'adresse au président de sa tribu qui la transmet à l'administrateur
seulement, ou à l'administrateur et au juge de paix,
suivant son objet. Toutefois, le plaignant a toujours
le droit de s'adresser directement à l'administrateur
ou au juge de paix, ce qu'il fait généralement.

Les réclamations sont entendues au siège de
l'administration. Il y a pour chaque tribu un jour
désigné où chacun a le droit de se rendre au
bureau, non-seulement pour faire valoir sa récla-
mation, mais également pour demander des conseils, la marche à suivre dans une affaire en justice,

avec le service des domaines ou tout autre. Ce jour
se renouvelle chaque mois pour chaque tribu. On
appelle cette audience « la nouba ». L'administrateur ou un des adjoints la préside. Le président, le
garde-champêtre, le khodja de la tribu et tous les
amins doivent y assister.

Ce jour-là, les dhamen sont chargés de la police
de la tribu.

PERMIS DE VOYAGE. — Les indigènes peuvent
venir au bureau de la commune mixte quand
cela leur convient. Ils ont le droit de circuler, sans
permis de voyage, dans les différentes tribus de la
commune, pourvu qu'ils ne franchissent pas le péri-
mètre de celles-ci. Le permis de voyage n'est
exigé que pour se rendre d'une commune dans une
autre. Cette autorisation est délivrée par l'administrateur, sur la proposition du président, qui
atteste, sous sa responsabilité personnelle, que
l'indigène demandant à voyager a payé ses impôts
ou présenté une caution solvable et qu'il ne se
trouve sous le coup d'aucune poursuite judiciaire.

Le président, lui-même, est dans l'obligation
d'avoir un permis de voyage. Seulement, lorsqu'il
est membre de la Légion d'honneur, il circule libre-

ment. Encore, n'est-ce pas un droit mais une marque de déférence pour la haute distinction dont il a été l'objet.

Tout comme un passe-port, le permis de voyage est visé en cours de route par l'autorité compétente.

CHAPITRE VI

DU MARIAGE

 L n'y a pas en Kabylie de mariage légal à proprement parler. Bien que le Kabyle méprise le concubinage, le mariage, chez lui, y touche de près. Le Kabyle, quoique autorisé par le Koran à posséder quatre femmes légitimes, est le plus souvent monogame. Le mariage, tel qu'il le pratique, n'est conforme ni à nos lois, ni à celles du Koran.

Quand un jeune homme a le désir de se marier, le père de celui-ci demande un entretien à celui de la jeune fille dont il est question, et le prix de *vente* est discuté. Lorsque les parties sont tombées d'accord, le prétendant remet la somme fixée pour prix de l'épouse, au père de celle-ci, qui alors lui livre sa fille.

6

Aucune autre cérémonie ne vient marquer cet acte important de la vie, si ce n'est un repas offert par le marié et que les invités paient par le fait, en donnant la « thaousa ».

Le soir de la fête seulement, le mari voit sa femme qui lui est amenée le visage voilé.

Un vieil usage, existant chez certains peuples et notamment chez les Kabyles, veut que des matrones se tiennent près de l'habitation des nouveaux mariés, prêtes à se présenter à l'appel de l'époux, pour constater la virginité de l'épousée et s'emparer du vêtement propre à convaincre les curieux assemblés.

Le mariage n'exige ni sanction religieuse ni formalité civile et aucun acte le consacrant n'est dressé par le cadi.

Le président inscrit sur un registre *ad hoc* que tel jour, un tel et une telle se sont mariés.

Quand le mari vient à se fatiguer de sa femme il la renvoie purement et simplement chez ses parents. Si ceux-ci rendent le prix du marché et que le mari accepte cette restitution, la femme est libre et peut appartenir à un autre. Dans d'autres cas, un Kabyle désirant se marier va trouver le mari et lui achète la femme qu'il a répudiée. Le père conserve alors la *thamant* qui lui a été versée par le premier époux. Quant à celui-ci, il procède au mieux des intérêts de sa bourse. Si le mari n'accepte pas la restitution de la thamant, la femme ne peut convoler.

Comme on le voit, lorsque les enfants ne viennent pas contrarier les transactions, les formalités du divorce sont assez simples et surtout moins onéreuses que chez nous.

Au point de vue de l'instruction, la femme kabyle, à quelque caste qu'elle appartienne, vit dans l'ignorance la plus complète. Elle est considérée, par l'homme qui l'a achetée, comme sa propriété, et, à ce titre, doit-elle se plier à toutes ses exigences sans récrimination. Sur les routes, on rencontre des couples kabyles, le mari monté à âne ou à mulet et sa femme suivant à pied, ployant sous le faix. C'est elle qui est chargée des approvisionnements en eau et en bois de la maison, pour ne parler que des besognes fatigantes. Quant aux enfants en bas-âge ne pouvant marcher, ils sont soutenus dans le dos de leur mère par une pièce en cotonnade. Elle vaque ainsi à son ouvrage.

On conçoit parfaitement combien cet abandon de l'enfant, au petit corps frêle et délicat, est préjudiciable à sa belle conformation. Pourtant, il est à remarquer que cet usage, assez barbare, ne fait pas trop de victimes, car un grand nombre de femmes paraissent fortes et bien constituées et se tiennent très droites, sans avoir besoin de l'étau dans lequel les européennes s'emprisonnent au détriment de leur santé.

Dans les rares grandes familles de Kabylie, la femme ne travaille pas, ne sort jamais et a des servantes. Le mari agit de la sorte, non pour le respect que lui inspire sa compagne, mais plutôt pour ménager la source de ses plaisirs.

Les femmes qui travaillent aux champs ne se voilent pas le visage ; en voyage, elles se le couvrent d'un voile noir et non pas blanc, comme celui dont font usage les mauresques.

CHAPITRE VII

L'ECOLE NATIONALE DE TAOURIRT-MIMOUN

YANT passé en revue les points principaux de l'organisation administrative de la tribu, et entrevu une partie des mœurs de ses membres, nous visiterons avec plus de fruit les villages. Cette digression, un peu longue, était obligée, sous peine de faire comme le singe de la fable qui n'avait oublié qu'une chose, c'était d'éclairer sa lanterne.

Nous avons donc repris nos mulets aussitôt notre déjeuner, et, vingt minutes après environ, nous étions à l'école nationale de Taourirt-Mimoun, détachée des habitations du village et se présentant en premier lieu sur notre chemin.

Nous allons souhaiter le bonjour à M. Verdy,

l'instituteur, qui nous offre de jeter un coup d'œil sur l'école qu'il dirige, en nous exprimant le regret que ce soit jeudi, jour de congé, ce qui va nous priver de voir les jeunes écoliers au travail.

Cette école, construite en 1883 au compte du gouvernement, doit être entretenue par la commune mixte. Elle comporte trois classes et deux logements : l'un pour l'instituteur, l'autre pour l'instituteur-adjoint indigène.

Les trois classes disposent de cent cinquante places qui sont toutes occupées. Celle des commençants est plus spacieuse, et quatre-vingts élèves y peuvent tenir. La seconde est de quarante-cinq élèves et la première de vingt-cinq élèves.

Dans chaque classe sont des pupitres et des banquettes comme dans les écoles françaises. Des cartes couvrent les murs et un tableau repose sur son chevalet. L'école possède un beau jeu de toutes les mesures métriques propres à frapper l'imagination des enfants. La première classe est dirigée par M. Verdy, primé pour la langue kabyle; la seconde est confiée à l'instituteur adjoint, et la troisième à un moniteur indigène.

La fréquentation assidue de l'école est surtout assurée par le président qui est très dévoué à la cause de l'instruction publique. La réglementation

en usage est conforme à celle des établissements
similaires français.

L'inspection de quelques cahiers nous permet
de constater que la plupart des enfants ont une
très bonne écriture. On remarque relativement très
peu de fautes d'orthographe dans les dictées, et les
quatre règles sont souvent bien faites. Sur des
ardoises encadrées qui leur sont remises et dont
la surface est divisée en carrés égaux, ils exécutent
à la craie, d'après un modèle, des dessins assez
compliqués et bien réussis. Le mieux fait est placé
en vedette et sert à l'émulation générale.

Comme récompenses scolaires, des bons points-
centimes et des livrets de caisse d'épargne sont
distribués pendant le cours de l'année. A la fin de
juillet une distribution solennelle de prix a lieu et
son but est des plus pratiques. Les enfants méri-
tants reçoivent les objets suivants : burnous,
gandourah, chechia, sebbat (différentes pièces de
l'habillement) et des jouets. Quelques livres sont
destinés aux plus instruits.

Lorsque cette école fut fondée, parmi les élèves
qui la fréquentaient, un seul savait un peu lire,
mais il lui eut été impossible de tenir une conversation ou de faire les trois premières règles. Au bout
d'une année, trente lisaient d'une manière fort

4

satisfaisante, écrivaient sous la dictée, rédigeaient de petits devoirs, faisaient facilement les quatre opérations fondamentales et commençaient à bégayer quelques phrases en français. A cette époque, le nombre d'élèves était de soixante sous la direction de deux maîtres.

Les enfants de la tribu sont obligés de fréquenter l'école de six à treize ans et leur nombre, paraît-il, s'élèverait à près de trois cents; mais au-delà de deux kilomètres on ne peut exiger qu'ils se déplacent.

Comme nous le verrons plus tard, la tribu possède aussi une école congréganiste.

Depuis l'arrivée de M. Verdy, qui eut lieu le 1er décembre 1883, quatre élèves ont obtenu le certificat d'études primaires : trois au titre indigène, un au titre français. L'âge des candidats n'est pas connu d'une manière exacte, mais on le suppose de 16, 15, 13 et 12 ans. Trois élèves sont entrés à l'École normale d'Alger ; un en 1885, deux le 1er octobre 1886. L'instituteur a l'espoir qu'en 1887 cinq candidats obtiendront leur certificat et cinq autres entreront à l'École normale.

Le programme des examens pour le certificat d'études indigène se divise en deux parties : l'écrit et l'oral. L'écrit comprend une dictée servant en outre à apprécier l'écriture, et des problèmes simples à résoudre, portant sur les quatre premières règles. A l'oral, le candidat est interrogé sur les règles de la grammaire française, l'analyse grammaticale, le calcul élémentaire, le système métrique, les principaux faits de l'histoire de France, la géographie de France et d'Algérie, et on le fait lire.

Le programme des examens pour le certificat d'études au titre français est basé sur les mêmes matières mais plus développé. Il comporte, en outre, un devoir de rédaction et des interrogations sur l'instruction civique et morale.

Tout candidat désirant se présenter à ces examens doit être âgé d'au moins onze ans, aucun maximum n'a été assigné.

Les candidats qui se présentent à l'École normale doivent être pourvus du certificat d'études primaires élémentaires et passer un examen spécial d'admission à la dite école. L'examen écrit a lieu au chef-lieu de la commune mixte. Les compositions sont envoyées sous pli cacheté par l'inspecteur d'académie à l'administrateur. Celui-ci, assisté de deux membres de la commission scolaire, dicte les épreuves, surveille les candidats et envoie ensuite les compositions également sous pli cacheté à l'inspecteur d'académie.

7

Les admissibles vont passer l'examen oral à Alger et touchent des frais de déplacement, qu'ils soient reçus ou refusés.

M. Verdy ne veut pas que nous quittions l'école sans prendre le café chez lui, ce que nous acceptons avec plaisir.

CHAPITRE VIII

A TRAVERS LE VILLAGE DE TAOURIRT-MIMOUN

Lorsque nous sortons de l'école, un assez grand nombre d'indigènes et d'enfants forment cercle en curieux. Les cinq amins de la tribu sont là et s'approchent pour nous saluer, nous souhaiter la bienvenue et nous inviter à visiter leurs villages. Il nous sera, certes, difficile de répondre à l'aimable désir de chacun.

Nous nous dirigeons vers les maisons de Taourirt-Mimoun, village habité par le président et dont l'amin est le frère.

D'une manière générale, les maisons kabyles sont petites, basses, composées d'un rez-de-chaussée unique ou composé de plusieurs pièces. Les pierres, la chaux et le sable de la contrée servent à l'édification et la couverture se fait en tuiles. Point de fenêtres, une porte, et comme plancher, le sol battu. Toutes les maisons se touchent et les rangées se trouvent séparées par de petites rues sans désignation où les immondices fleurissent en abondance.

Nous entendons le marteau d'un forgeron résonner sur l'enclume et nous nous dirigeons de ce côté. Nous voici dans une forge. Six hommes sont là travaillant. Ils sont peu vêtus et ont les pieds nus sur des socques en bois élevés de six à sept centimètres sur deux tasseaux, afin de se protéger contre les parcelles en feu qui vont rouler à terre. On nomme ce genre de chaussures des kobkab.

Le charbon de bois remplace ici le charbon de terre dont on fait plutôt usage dans nos forges françaises. D'un côté du foyer est installé un soufflet de modèle européen et de l'autre, un soufflet indigène. Le toit offre à la vue un grand trou au-dessus du feu qui a brûlé petit à petit les perches soutenant les tuiles.

Ces forgerons fabriquent des socs de charrue, des fers pour les animaux et réparent les outils. Ils ont les yeux chassieux à force d'avoir les regards exposés aux matières incandescentes, de rester dans une atmosphère enfumée, et surtout encore par leur grand défaut de soins à l'égard de leur corps.

Tous les Kabyles sont musulmans et pratiquent

le rite maleki de l'iman Malek, mais il ne s'en suit pas delà qu'ils observent les préceptes du Koran et s'ablutionnent cinq fois par jour avant de commencer les prières, comme cela est prescrit. Si seulement ils se livraient quotidiennement une bonne fois aux ablutions, on verrait moins de crasse sur leur visage et leur corps.

On trouve dans chaque village une petite mosquée où chacun peut faire ses dévotions.

* * *

Je n'ai pas encore parlé du costume et j'ouvre ici une parenthèse pour en dire quelques mots. Le Kabyle porte peu le seroual turc ou culotte bouffante, il revêt plutôt une longue chemise ou gandourah qu'il serre à la taille au moyen d'une corde et il se couvre d'un ou deux burnous plus ou moins propres, plus ou moins rapiécés suivant le propriétaire. Le Kabyle se coiffe d'une chechia rouge sans turban et cette calotte est souvent fort graisseuse au point d'offrir une couleur indéfinie, mais dans les tons sales et luisants. Il y a sur le nombre d'heureuses exceptions comme dans tout; je parle ici de la généralité. Les chefs semblent avoir adopté le costume arabe et sont plus soignés. Pour remplacer les bas, les jambes sont parfois emprisonnées dans des manchons de laine tricotée, sans pied. Les riches portent des sebbat (chaussures arabes) ; les autres vont pieds nus ou se les enveloppent dans un morceau de peau fraîche, salée, le poil en dehors. Cette pièce est taillée en carré. Les angles sont relevés et soutenus sur le pied par des lanières qui viennent s'enrouler autour du mollet comme pour le cothurne. C'est, comme on le voit, une chaussure tout-à-fait primitive.

Dans les tribus, les femmes tissent tous les vêtements nécessaires à la famille. Depuis quelque temps, cette fabrication a bien diminué, l'industrie européenne ayant importé des cotonnades très bon marché, et beaucoup d'entre elles ne se donnent plus la peine de tisser, trouvant plus simple d'acheter quelques mètres de rouennerie bleue, rouge ou rayée et de la disposer autour de leur corps sans aucun ajustement, soutenue seulement par des agrafes mobiles et une ceinture de laine indigène.

Elles se couvrent la tête d'une espèce de turban ovale, en laissant pendre de chaque côté leurs cheveux tressés, dont l'extrémité des nattes est relevée en dessous.

* *
* *

A la suite de la visite de l'atelier du maréchal-
ferrant, nous passons chez les armuriers et chez les
fabricants de chevalets en bois. Ces industriels sont
assez répandus dans la tribu.

Avant la défense qui leur en a été faite, les armuriers fabriquaient des fusils à pierre et se montraient
très adroits dans ce travail. Depuis ce moment-là,
ils se sont adonnés à la confection des armes
blanches qu'ils destinent soit à leur usage personnel, soit à la vente aux roumis, comme objets de
panoplie ou de curiosité. On sait que l'on désigne
par *roumi* tout giaour.

Patrons et ouvriers sont réunis dans de petites
pièces et travaillent silencieusement. Les armes
qui rentrent dans leur fabrication sont connues sous
le nom générique de flissa (couteau). Elles sont
rectilignes ou légèrement curvilignes. Les lames
sont en fer ou acier, bien vidées, ornées de dessins
obtenus au burin avec des incrustations de laiton.
L'aspect en est joli. La poignée est plate, en bois
de noyer découpé, avec des dessins en filets de
maillechort. Le fourreau est également en bois
sculpté de petits triangles du côté de la vue et

formé de deux ou quatre parties soutenues par des
colliers en laiton soudés assez grossièrement et
piqués au hasard pour que les bavures des endroits
percés rentrent dans le bois et les y fixent soli-
dement.

D'autres armes blanches ont un fourreau en
métal repoussé d'un assez bel effet.

Les Beni Yenni essayent aussi de copier un
modèle de couteau qui provient de la tribu des
Flissa el Bahar (couteaux de la mer), de la commune mixte d'Azeffoun. Ce n'est qu'au prix
d'imperfections assez nombreuses qu'ils y par-
viennent. Le flissa el Bahar est long d'une quaran-
taine de centimètres. Lame et poignée ne font
qu'une seule pièce. La lame, toute en acier, très
fine du côté du tranchant et très forte du côté
opposé, est damasquinée comme les flissa des Beni
Yenni, seulement la poignée, toute en laiton, est
burinée et guillochée. L'extrémité a des prétentions
à la tête d'une chimère, et c'est là où les armuriers
des Beni Yenni échouent dans leur contrefaçon.

En plus de ces armes variées que les touristes
et les voyageurs remportent ou achètent dans les
bazars d'Alger, vient s'adjoindre la confection des
rasoirs.

L'habitude qu'ont les Kabyles de se raser la tête

et le visage, ou tout au moins une partie, a nécessité
l'emploi de couteaux coupant admirablement. Les
rasoirs kabyles vont toujours par paire, contenue
dans un petit fourreau en bois de noyer ouvragé et
incrusté de maillechort avec une séparation centrale.
Le rasoir a une longueur totale de vingt-cinq centimètres environ. Il est d'un seul morceau, tout en
acier, et la poignée, très fine, est travaillée artiste-
ment. Le Kabyle ingénieux s'est dit : les touristes
ne peuvent faire usage de ces instruments, mais
tout en conservant la gaîne, si nous remplacions
les rasoirs par des couteaux à papier, peut-être
trouverions-nous un débouché important dans les
villes, parce qu'alors le voyageur pourrait remporter
comme souvenir de son voyage un objet réellement
authentique, ne provenant pas de Paris, et ayant
un but véritablement utile. L'idée fut mise à exécu-
tion, et leurs auteurs n'ont pas lieu de la regretter.
Lorsque l'on voit la finesse relative du travail, car
ces couteaux sont en bois, on ne peut s'empêcher
de penser aux travaux difficiles et importants que
ces ouvriers seraient à même d'exécuter, surtout
quand ils seraient pourvus de tous les outils et
dessins dont disposent les ouvriers européens et qui,
chez eux, font totalement défaut.

Pendant les quelques instants que nous restons

8

avec ces travailleurs, il nous est donné d'assister
à toutes les transformations successives par lesquelles
passent les pièces en œuvre, et c'est fort intéressant.
Nous saluons ces braves gens et les remercions des
explications qu'ils nous ont fournies.

Voici tout à côté un atelier de fabricants de
pupitres–chevalets, nous en franchissons le seuil
pour les voir à l'ouvrage. Ces objets ne sont d'aucune utilité pour l'indigène. On suppose que l'idée
en a été suggérée par des religieux, car c'est tout à
fait le porte-missel dans des proportions variant du
petit au grand. En tous cas, la pensée a été heureuse ; elle a fait son chemin, et aujourd'hui sa
réalisation assure des ressources à bien des familles
par la vente de ces chevalets aux Européens.

Ces pupitres sont de plusieurs dimensions. Les
petits sont les plus gracieux, et un plus grand soin
est apporté dans leur confection. Les uns et les
autres sont d'un seul morceau de bois sans char-
nière, et c'est ce qui en fait le mérite et l'originalité.
La surface de devant est sculptée de petits losanges
et de petits triangles. Il y en a pouvant recevoir des
photographies carte-visite et carte-album. Il s'en
fait de simples et de doubles. L'encadrement est
décoré de filets en maillechort qui, à la partie supé-
rieure, reproduisent en caractères arabes : « Fait

chez les Beni Yenni ». Les caractères arabes figurent,
à défaut de caractères kabyles qui n'existent pas,
quoiqu'il y ait une langue kabyle.

Les grands modèles sont exécutés en bois blanc,
plus facile à travailler.

CHAPITRE IX

RÉCEPTION CHEZ LE PRÉSIDENT

E président, notre excellent cicérone, nous invite à nous reposer chez lui et à partager le repas de l'amitié. Bien qu'il y ait fort peu de temps que notre déjeuner soit terminé, nous acceptons, car dans ces circonstances un refus serait peu courtois et pourrait être mal interprété.

Le président nous fait monter, par une échelle extérieure, à une pièce qui sert de chambre, et l'on peut dire que c'est une des rares maisons construites avec une sorte d'étage. Un lit de fer avec sa garniture, une petite table et des chaises composent l'ameublement. Une malle française a l'air de remplacer l'armoire. Je crois que le lit est surtout à l'intention du fils du président, élève au lycée d'Alger, qui, se frottant plus à notre civilisation, sait en apprécier les douceurs.

Ali ou Mohand Arab nous prie de nous asseoir, et bientôt la table se charge d'un magnifique plat de fin kouskous flanqué de cuillers en bois. Le menu comporte, en outre, un poulet cuit à la vapeur et du mouton salé, séché au soleil et ayant servi à la préparation de la merga (sauce). Le mouton ainsi préparé est appelé aksoum-akdin.

Nous passons au dessert, composé de grenades égrenées, raisin, pommes, gâteau de miel et feuilleté au miel (lemsoboch).

Ce repas est arrosé d'eau, les boissons fermentées étant défendues aux musulmans ; mais je dois dire que nous y ajoutons un peu de notre vin. Suivant l'usage, ce sont nos dix doigts qui font l'office de fourchette.

Ali ou Mohand Arab aime à nous parler de Paris et à se rappeler le voyage qu'il y fit en 1878, lorsqu'il alla visiter l'Exposition universelle.

Tout en prenant le kaoua, le président nous exhibe tous les souvenirs d'estime, de considération et d'amitié qui lui ont été donnés par ses supérieurs et ses chefs. Il conserve précieusement les invitations qu'il reçut pour un grand dîner à l'Elysée et diffé-

rentes soirées chez les ministres, ainsi qu'un certain
nombre de photographies d'officiers avec des dédi-
caces.

Nous nous levons ; nous n'avons point le temps
de nous attarder à causer, bien que la conversation
soit charmante, et nous continuons notre excursion.

CHAPITRE X

 UOIQU'ON en dise, les Kabyles sont aussi soucieux que les Arabes de fermer leur intérieur familial aux yeux européens, et c'est le fait d'une exception que d'y pénétrer. J'ai la bonne fortune, en raison de la franche cordialité qui existe entre le président, ses frères et mon ami, de franchir l'entrée d'une de ces habitations enveloppées comme d'un mystère, sans que l'essaim féminim ne prenne son vol pour se dérober dans un compartiment à côté.

La maison dans laquelle nous sommes introduits est celle de l'amin, frère d'Ali ou Mohand Arab ; c'est dire qu'elle peut servir de type et que les autres lui ressemblent, mais en moins bien. Elle se com-

9

pose d'une pièce assez élevée, sans aucune autre baie que la porte par où la lumière arrive. Le sol battu tient lieu de plancher ou de pavé.

La mère de l'amin est là, ainsi que sa femme et ses enfants. Lorsque nous entrons, elles nous souhaitent la bienvenue et nous leur donnons la main en baisant notre pouce ensuite, selon la coutume. La mère, assez âgée, a un type bien particulier. Son visage est très osseux, et les lignes ont quelque chose d'original, sous la chevelure gris-roux, crépelée, qui retombe de chaque côté jusqu'au cou. La jeune femme, âgée de dix-huit ans environ, est mère de deux enfants et sur le point d'accoucher d'un troisième. Le fard vermillonne ses joues, le koheul rend ses yeux profonds, en leur donnant une expression voluptueuse, et ses sourcils sont réunis au pinceau. Le henné a coloré ses mains en ocre rouge-clair. Comme vous le voyez, les femmes Kabyles ne le cèdent en rien aux Françaises sous le rapport du maquillage. Elles sont tatouées au front et sur la lèvre inférieure d'une petite croix généralement. Les tatouages sont pratiqués par de vieilles femmes. On pique la peau avec des aiguilles, et on introduit du noir de fumée dans les piqûres.

Le costume n'est formé que de pièces en coton-

nade française rayée gros-bleu et rouge, ce qui ne
manque pas d'un certain cachet d'exotisme dans le
milieu où on le rencontre. Les plicatures du vêtement, si on peut lui donner ce nom, sont soutenues
par de belles agrafes dont nous parlerons plus loin,
ainsi que des bijoux servant à la parure. Cette pièce
d'étoffe eût été employée, en France, comme rideau
probablement, et il n'y a pas lieu d'être bien
surpris de l'usage qui en est fait, attendu que, nous
autres Européens, nous recherchons avec convoitise
les tissus indigènes propres aux habillements des
femmes pour en faire des portières, des tapis de
table ou d'autres ornements dans nos maisons.

*
* *

Dans le sol de la pièce, un trou conique reçoit
le feu domestique sur lequel les aliments cuisent
et qui réchauffe en même temps les membres de
la famille. La fumée s'échappe par la porte, quand
le courant d'air l'y conduit. De la toiture tombe
une corde dont l'extrémité soutient un berceau
d'enfant affectant la forme d'une écaille de tortue
renversée. Justement, un petit bébé aux joues bien
nourries et roses, sans application de fard, y

repose gentîment, et son sommeil ne paraît point troublé par notre venue.

Contre la muraille du fond, je remarque un cylindre en bois adapté à deux portants et actionné par une manivelle. Sur ce cylindre s'enroule un frach ou tapis de haute laine. L'heure du repos arrivée, ce tapis est déroulé, couvre le sol, et toute la famille s'y étend à l'aise. Le matin venu, le frach est remis en place, pour convertir la chambre à coucher en pièce universelle. Tout à côté se dresse un grand et beau coffre sculpté, renfermant ce que la famille a de plus précieux.

A gauche, dans toute la largeur, la terre a été enlevée sur une assez forte profondeur pour donner de la place aux animaux et aux bestiaux qui vivent là en famille et répandent une odeur sui-generis, sans omettre les vapeurs ammoniacales qui se dégagent de l'écurie et sont fort préjudiciables à la santé.

Au-dessus, existe une soupente que l'on convertit en magasin et où l'on place la provende. Un peu à droite et à gauche sont les ustensiles de ménage en terre, en bois ou en fer, et contre la muraille sont alignées quelques grandes jarres faites en terre amalgamée avec de la paille et de la bouse de vache. Ces récipients contiennent des grains et de l'huile. Pour s'éclairer, les Kabyles ont une lampe en terre de forme antique, où une mèche brûle baignant dans l'huile.

Voilà un aperçu d'un intérieur aisé. Il est inutile d'insister sur les graves inconvénients d'une vie en commun comprise ainsi, où la morale aura toujours difficile à faire accepter ses conseils et ses préceptes.

CHAPITRE XI

DE LA BIJOUTERIE KABYLE

ous quittons le village de Taourirt-Mimoun pour nous transporter à celui d'Aït- Larbâa, situé à quelques centaines de mètres. Des indigènes nous voyant arriver se groupent autour de leur amin et nous reçoivent à l'entrée d'une voûte qui semble être une des portes de leur village. Nous échangeons des saluts.

Nous trouvons ici les mêmes industriels qu'à Taourirt-Mimoun, mais en plus, nous avons les fameux bijoutiers, dont la réputation ne date pas d'hier. Ils ne se sont pas fait connaître seulement par leur genre d'industrie, leur habileté à fabriquer de la fausse monnaie leur a procuré une manière de renommée.

Là tribu des Aït ou Beni Yenni passait pour être le foyer d'émission et surtout le village Aïl-Larbâa. Ils en avaient pour ainsi dire le monopole. Deux modes de fabrication étaient en usage : l'un au moyen de moules, dans lesquels on versait les métaux en fusion ; l'autre par le frappage, à l'aide de matrices et du marteau. Les pièces ressemblaient parfaitement à celles ayant cours et trouvaient un écoulement assez facile sur les marchés des régences d'Alger et de Tunis, seulement il était défendu, sous les peines les plus sévères, d'essayer d'en mettre en circulation dans l'intérieur de la tribu [1]. Il s'en émettait peu d'années passées, et l'autorité française s'est saisie des matrices.

Les bijoutiers, assez nombreux, n'ont point pour ainsi dire d'atelier; c'est toujours l'unique pièce qui sert à tout. Nous entrons chez deux ou trois, mais qui en a vu un les a tous vus.

Dans notre promenade à travers le village, nous sommes escortés de curieux qui, lorsque nous sommes introduits dans une maison, se massent à la porte et empêchent littéralement la lumière d'arriver par cette seule baie de dimensions res-

[1] *Mœurs et coutumes kabyles,* par le général Hanoteau et Letourneux.

treintes. Une petite enclume, quelques outils, un
fourneau portatif des plus simples et un coffre
contenant les matières ouvrables forment tout
l'inventaire de l'atelier du bijoutier kabyle.

Les bijoux sont en métal ou en argent, soit
émaillés, soit seulement ornés de corail ou bien
sans corail avec des ajours et des dessins. Pour leur
description, nous aurons recours au remarquable
ouvrage, de MM. le général Hanoteau et Letourneux, sur les *Mœurs et coutumes kabyles* : « Les
émaux appliqués aux bijoux sont de fabrication
européenne. On les achète à Tunis ou à Alger. Ils
ne sont qu'au nombre de quatre : l'un est un vert
bleu translucide coloré par l'oxyde de cobalt ; un
autre également translucide est d'un vert foncé dû
à l'oxyde de chrôme ; le troisième est opaque,
d'un vert clair obtenu par le bioxyde de cuivre ;
le quatrième est opaque et jaune et a pour base un
chromate de plomb. Lorsqu'on veut les fixer au
métal, on commence par les réduire en poudre ;
on délaye cette poudre dans de l'eau que l'on dé-
cante, afin d'avoir un résidu plus fin, et l'on étend
ce résidu en couches minces sur les parties que
l'on veut émailler. Le bijou est alors exposé à
une température convenable, et l'émail s'applique
sur le métal par la fusion. Les culots d'argent sont

fixés à la plaque au moyen de la soudure, en
même temps que les fils qui forment les dessins.
Le corail est simplement collé avec de la cire.

» La bijouterie se fait en général sur commande. L'acheteur livre les pièces de monnaie
nécessaires à la confection du bijou qu'il désire.
L'ouvrier fournit le cuivre, les émaux et le corail.
Pour son salaire, il prend la moitié de la somme
remise. »

Les bijoutiers fabriquent des broches (ibzimen),
des diadèmes (thiaçabin), des colliers (thizelaguin),
des bracelets (eddah), des anneaux de jambe (khol-
khal), des pendants d'oreilles, des agrafes et une
certaine broche ronde assez jolie, nommée thabe-
zinth, que les femmes, donnant naissance à un
garçon, ont seules le droit de porter sur le devant
de leur coiffure, pour annoncer qu'elles ont fourni
un défenseur de plus à la tribu.

Depuis l'invasion heureuse des touristes, les Beni
Yenni se sont mis à fabriquer des bijoux en fili-
grane d'argent orné de corail à l'usage des Européens.

Les bijoux indigènes importants sont, comme le
disent MM. Hanoteau et Letourneux, surtout exécutés sur commande. Toutefois, en ce qui concerne

les objets d'une vente courante, il s'en fait beaucoup
à l'avance, et des colporteurs les vont vendre dans
des tribus parfois fort éloignées.

Les Beni Yenni font également de petites cuillers
à kaoua ornées d'émaux et de corail vraiment originales.

Toutes ces pièces de bijouterie kabyle sont de
facture grossière et ne peuvent en aucun point être
comparées au travail européen. Néanmoins, elles
sont remarquables par leurs combinaisons, leurs
dessins, et sont dignes de fixer l'attention des obser-
vateurs.

Une industrie un peu à part produit, en métal,
des suspensions, des encriers, des coupe-papier,
des poignards, des petits couteaux, mais tout cela
est mal fait et dépourvu de goût.

CHAPITRE XII

RETOUR A FORT-NATIONAL

ous voilà renseignés en tous points sur les ressources industrielles de la tribu, et il nous faut songer à repartir pour Fort-National.

L'école des Pères Blancs, des missions africaines, est tout près, et nous nous y arrêtons pour leur souhaiter le bonjour. L'école n'a que vingt-six élèves et pourrait en recevoir beaucoup plus. Deux Pères Blancs en ont la direction, secondés par un Frère. Nous sommes reçus par un des Pères, qui nous fait un gracieux accueil et nous prie d'accepter un verre de vin avant de nous remettre en route.

Nous serrons amicalement la main au président

Ali ou Mohand Arab, en le remerciant d'avoir été
pour nous un si bon guide et de nous avoir si bien
reçus, puis nous enfourchons nos mulets pour
regagner le fort par la crête des Beni Yenni en
traversant le village d'Aït-Lhassen sans nous y
arrêter. D'ailleurs, il n'y a pas d'industrie.

Nos montures, bien reposées, sont vigoureuses
et nous font descendre rapidement les sentiers qui
serpentent dans le versant en dominant l'abîme et,
comme par un malin plaisir, galopent tout au bord
pour nous donner, je crois, toute espèce d'émo-
tions.

Pendant ce temps, la lune s'est levée, et d'une
lumière brillante elle éclaire ce site incomparable
en noyant dans l'ombre certaines parties pendant
que d'autres resplendissent sous sa clarté magique.
Tous les végétaux prennent des aspects fantastiques
et induisent souvent le voyageur en erreur sur ce
qu'il croit voir.

Au fond de la vallée, nous traversons l'oued
Djemâa dans sa plus grande largeur, sur un beau
pont de pierre avec des balustrades métalliques. Le
chemin que ce pont reliera rejoindra la route nationale de Tizi-Ouzou à Fort-National et desservira
les tribus de la région du Djurjura.

L'oued Djemâa, en cet endroit, délimite les Aït

ou Sammeur, les Beni Yenni, les Beni Aïssi et les Beni Mahmoud. Le pont franchi, nous gravissons le contrefort des Aït ou Sammeur, quand nous apercevons, au loin, un incendie d'une assez grande intensité.

Nous sommes en forêt jusqu'à trois kilomètres du fort. Là, nous laissons à gauche le grand village d'Aït-Frah, passons par Aït-Atelli et arrivons à Fort-National à sept heures et demie par la porte d'Alger, après une course de quarante-quatre kilomètres, aller et retour.

CHAPITRE XIII

LÉGENDE KABYLE

HAQUE pays, chaque tribu a ses légendes.

Voici celles des Beni Yenni :

« Sidi Ali ou Yahia, père de Sidi El Mouhoud ou Ali, venu du Maroc, se fixa à Takeralt-Tague-raguera. Un jour, sa négresse vint chercher des légumes à Taourirt-Mimoun. Les gens de la tribu des Aït ou Belkassem enlevèrent les légumes à la négresse, qui raconta la chose au marabout. Le lendemain, celui-ci réunit les gens de la tribu des Beni Yenni et les décida à prendre les armes pour venger l'outrage qui venait de lui être fait. Il se mit à leur tête, et durant toute la bataille qui eut lieu, les coups de feu partaient de son bâton. Les Aït ou

Belkassem furent battus, et à partir de ce jour rayés
de la carte géographique de la Kabylie. Cette tribu,
qui n'existe plus, comprenait les villages suivants :

Taourirt-El-Hadjhadj, actuellement aux Beni
Yenni.

Aït-Rebat, actuellement aux Beni Ouassif.

Tassaft ou Guemoun, actuellement aux Beni
Ouassif.

Aït-Ali ou Horzoun, actuellement aux Beni
Boudras.

Aït-Bou-Adan, actuellement aux Beni Boudras.

» Avant de mourir, Sidi El Mouhoud ou Ali
avait aussi une grande réputation de sainteté. Un
jour, il se rendit à Alger et acheta un tellis
(grand sac) de poudre qu'il chargea sur son mulet.
En sortant d'Alger et au moment où il allait passer
par la porte (Bab-Azoum), les janissaires de garde
s'étant aperçus que ce tellis contenait de la poudre,
le saisirent. Sidi El Mouhoud ou Ali affirma aux
janissaires que ce tellis ne contenait que du kouskous. Pour les convaincre, il l'ouvrit, et la poudre,
changée en kouskous, s'offrit à la vue des janissaires. Le bey, ayant appris la chose, fit jeter Sidi

El Mouhoud en prison comme sorcier. La nuit suivante, le bey fut métamorphosé en femme. Sidi El Mouhoud ne lui rendit sa première forme qu'aux conditions suivantes : le bey devait faire construire à Taourirt-Mimoun, à ses frais, une kouba en son honneur, ce qui eut lieu. Cette kouba existe encore.

» Sidi El Mouhoud et ses descendants obtinrent en outre le privilège de faire librement le commerce des armes et des poudres à Alger sans payer aucune taxe. »